Arte y cultura

POSTRES
alrededor del mundo

Comparación de fracciones

Monika Davies

Asesoras

Michele Ogden, Ed.D
Directora, Irvine Unified School District

Jennifer Robertson, M.A.Ed.
Maestra, Huntington Beach City School District

Créditos de publicación
Rachelle Cracchiolo, M.S.Ed., *Editora comercial*
Conni Medina, M.A.Ed., *Gerente editorial*
Dona Herweck Rice, *Realizadora de la serie*
Emily R. Smith, M.A.Ed., *Realizadora de la serie*
Diana Kenney, M.A.Ed., NBCT, *Directora de contenido*
Stacy Monsman, M.A., *Editora*
Kevin Panter, *Diseñador gráfico*

Créditos de imágenes: pág. 6 Interfoto/Alamy Stock Photo;
pág. 7 Chronicle/Alamy Stock Photo; pág. 21 (superior, centro,
inferior) Sue Hwang; pág. 23 Tim Hill/Alamy Stock Photo;
todas las demás imágenes de iStock y/o Shutterstock.

Teacher Created Materials
5301 Oceanus Drive
Huntington Beach, CA 92649-1030
http://www.tcmpub.com

ISBN 978-1-4258-2888-2

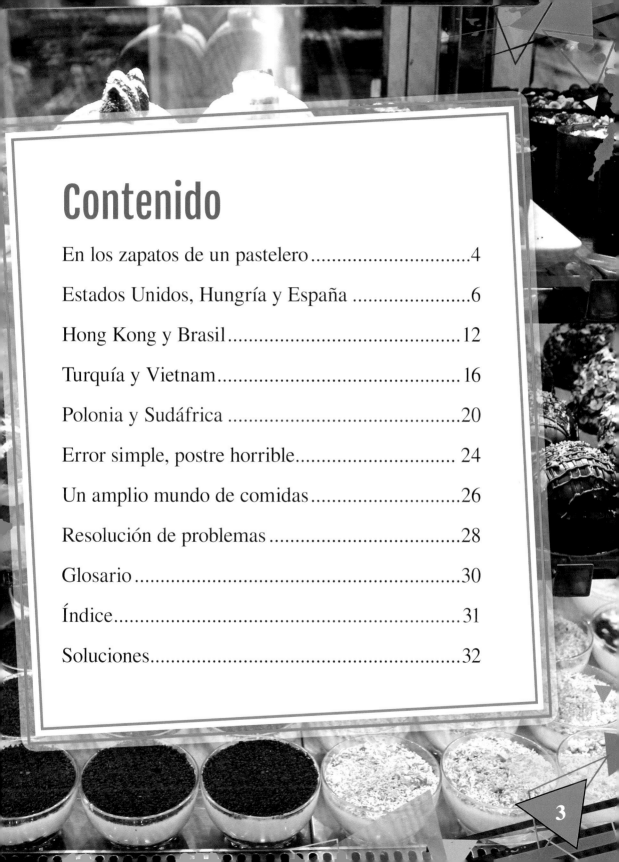

Contenido

En los zapatos de un pastelero

Las personas de todo el mundo disfrutan de las artes **culinarias**. Algunos hornean postres que tientan las papilas gustativas. Otros hacen pasteles con colores que atraen la mirada. Pero hay una parte de la repostería en la que todos coinciden: ¡todos los pasteleros necesitan usar **fracciones**!

Las recetas son como mapas de ruta. Llevan a la gente a hacer sabrosas excursiones. Sin una receta, algunos pasteleros podrían terminar perdidos. No sabrían cuánta harina usar. No sabrían qué ingredientes añadir. Las fracciones son una parte de muchas recetas. Los pasteleros tienen que dominarlas. Las fracciones les ayudan a asegurarse de que las recetas sean exitosas.

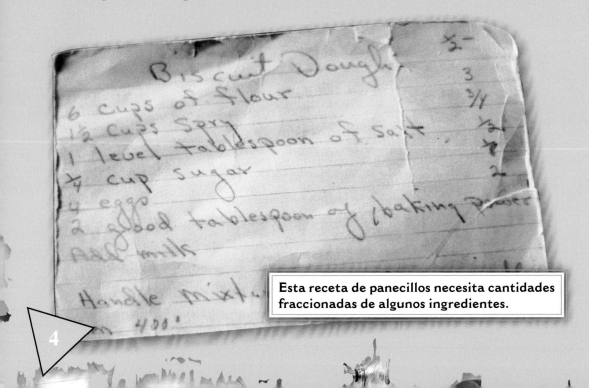

Esta receta de panecillos necesita cantidades fraccionadas de algunos ingredientes.

Hay cientos de recetas para los macarrones franceses.

5

Estados Unidos, Hungría y España

¡A ajustarse el cinturón de seguridad! Nuestro viaje por los postres del mundo ya comienza. Las dulzuras de los tres primeros países se hornean hasta que estén bien doradas.

Galletas con chispas de chocolate de Estados Unidos

Las galletas con chispas de chocolate tienen menos de 100 años de antigüedad. Su historia comenzó en la década de 1930. Fue cuando Ruth Graves Wakefield creó la galleta favorita de Estados Unidos. Era la dueña de una hostería llamada Toll House Inn.

Las famosas galletas de Wakefield fueron un error con suerte. Un día Ruth estaba haciendo galletas para sus huéspedes. Pero se quedó sin chocolate de repostería. Buscó en los estantes para encontrar algo que lo pudiera reemplazar. Al final, partió una barra de chocolate. Ruth pensó que los trozos se derretirían. ¡En cambio, quedaron como chispas! Había nacido la galleta con chispas de chocolate.

Ruth Graves Wakefield

Toll House Inn

Las fracciones pueden ser **comparadas** cuando los enteros tienen el mismo tamaño y forma. ¿Cuál de los ejemplos se puede usar para comparar fracciones?

A.

B.

C.

D.

7

Los *strudels* sabrosos de Hungría

Al *strudel* de manzana le encanta cruzar fronteras. Es probable que haya nacido en Hungría. Luego, siguió su camino por los cafés austríacos. Los alemanes también disfrutan de los *strudels*. De hecho, *strudel* es la palabra en alemán para "remolino". Cuando juntaban las manzanas y la masa, las formas en espiral hicieron que algunos de los antiguos panaderos alemanes pensaran en remolinos.

Para hacer *strudels* de manzana, los pasteleros deben dar lo mejor de sí. El *strudel* perfecto requiere paciencia. Primero, los pasteleros **amasan** la masa. Luego, usan los rodillos de amasar para aplanarla. Después, los pasteleros estiran la masa hasta que esté muy fina. ¡Saben que está lo suficientemente fina cuando se puede leer a través de la masa! A continuación, untan la masa con mantequilla. Luego, añaden el relleno de manzana. Con un trozo de paño enrollan con cuidado el pastel dulce hasta que parezca un capullo y lo hornean hasta que esté bien dorado. ¡Por último, toman un tenedor y empiezan a comer!

Un panadero enrolla un *strudel* de manzana para darle forma.

Los churros espléndidos de España

Nadie está seguro de quién hizo los primeros churros. Algunos dicen que los pastores españoles fueron los primeros. Vivían en lo alto de las colinas y anhelaban algún bocadillo dulce. Habría sido fácil para ellos freír los churros. Otros dicen que los marineros de Portugal viajaron a China y allí comieron frituras largas. Los marineros llevaron la idea a su tierra. Sus vecinos de España se enteraron y dieron al churro la forma de estrella que conocemos hoy.

Puede que la historia de los churros no sea clara. Pero lo que realmente sí sabemos es que a la gente le encantan. Se pueden encontrar en las ferias de Estados Unidos. Los churros aparecen en los desayunos españoles. Se rellenan con crema en las panaderías mexicanas. ¡Los churros tienen fanáticos en todo el mundo!

Un pastelero tiene clientes a quienes les gustan los postres ya cortados. Algunos compran solo una porción pequeña, mientras otros llevan cuatro o cinco. El pastelero necesita saber qué fracciones son **equivalentes** para que los precios sean justos. Usa las rectas numéricas para responder las preguntas.

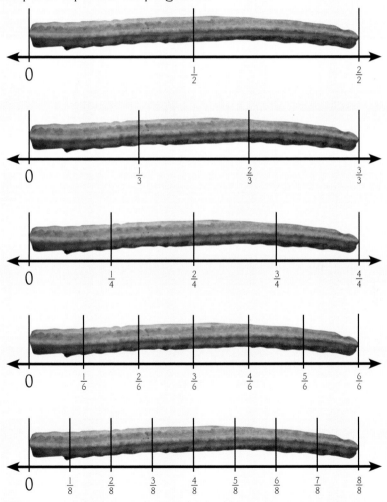

1. ¿Qué fracciones son equivalentes a $\frac{1}{2}$?

2. ¿Qué fracciones son equivalentes a $\frac{1}{3}$?

3. ¿Qué fracciones son equivalentes a $\frac{3}{4}$?

Hong Kong y Brasil

¿Qué es lo que tienen en común Hong Kong y Brasil? ¡En ambos lugares les encantan los postres muy brillantes!

Tartas de huevo de Hong Kong

Las tartas de huevo son golosinas populares en Hong Kong que se te derriten en la boca. La receta parece simple. El relleno se hace con agua, huevos, azúcar y leche. Luego, se vierte en tartaletas. Parece fácil, ¿verdad? No todos piensan así.

Se necesita talento para hacer la tarta de huevo perfecta. La masa debe tener una corteza **hojaldrada**. La crema debe ser suave y no demasiado dulce. Todo tiene que integrarse en una alegre tonalidad amarilla.

Si eso te suena complicado, puedes dejar la preparación en manos de un pastelero profesional. Si no puedes volar a Hong Kong, ¡no te preocupes! Puedes encontrar tartas de huevo en la mayoría de las panaderías chinas.

Imagina que un pastelero en Hong Kong pone tartas de huevo en cajas. También pone cerezas en algunas de las tartas de huevo.

1. Escribe una fracción para la cantidad de tartas de huevo que tienen una cereza.

2. Escribe una fracción para la cantidad de tartas de huevo que no tienen una cereza.

El exquisito *quindim* de Brasil

¿Hay azúcar y huevos en tu cocina? ¡Entonces, ya estás casi listo para comenzar a hacer *quindim*! Y, además, ya vas en camino de descubrir por qué a los brasileños les encantan este postre **espeso**.

El *quindim* es amarillo y dulce. También es fácil de hacer. ¡Incluso los pasteleros **novatos** pueden hacerlo! Primero, mezclan el azúcar y las yemas de huevo. Las yemas de huevo le dan al postre un brillo resplandeciente. Luego, incorporan a la mezcla la mantequilla derretida y el coco. Los pasteleros vierten la mezcla amarilla en moldes. ¡Menos de una hora después se puede servir el *quindim*!

El *quindim* se sirve generalmente entero. Cualquier número entero se puede escribir como una fracción que usa el número uno. Una porción entera puede escribirse como 1, o $\frac{1}{1}$. O bien, 4 porciones enteras podrían escribirse como $\frac{4}{1}$.

Escribe los números enteros de porciones de *quindim* como fracciones que usan 1.

1. 3 = ____
2. 8 = ____
3. 12 = ____

15

Turquía y Vietnam

¡Nos ponemos verdes cuando echamos un vistazo a los postres de Turquía y Vietnam! ¿Por qué verdes? Ambos países ofrecen magníficos postres verdes.

El buen *baklava* de Turquía

¿Cuál es tu tipo favorito de fruto seco? ¿Avellanas? ¿Pistachos? ¿Almendras? Puedes elegir cuando se trata del *baklava*.

La golosina favorita de Turquía se hace con masa filo. La masa filo tiene solo dos ingredientes: agua y harina. Cada hoja de filo se estira más delgada que el papel. ¡El *baklava* necesita de 30 a 40 hojas de filo para un pastelito!

Los pasos finales son simples. Cada hoja de masa se unta con mantequilla derretida. Luego, es hora de la importante elección del fruto seco para el relleno. Si eliges pistachos, estos le darán un tono verde a estas dulzuras. El toque final es una llovizna de miel. ¡Ya puedes hincar el tenedor y disfrutar!

Pistachos

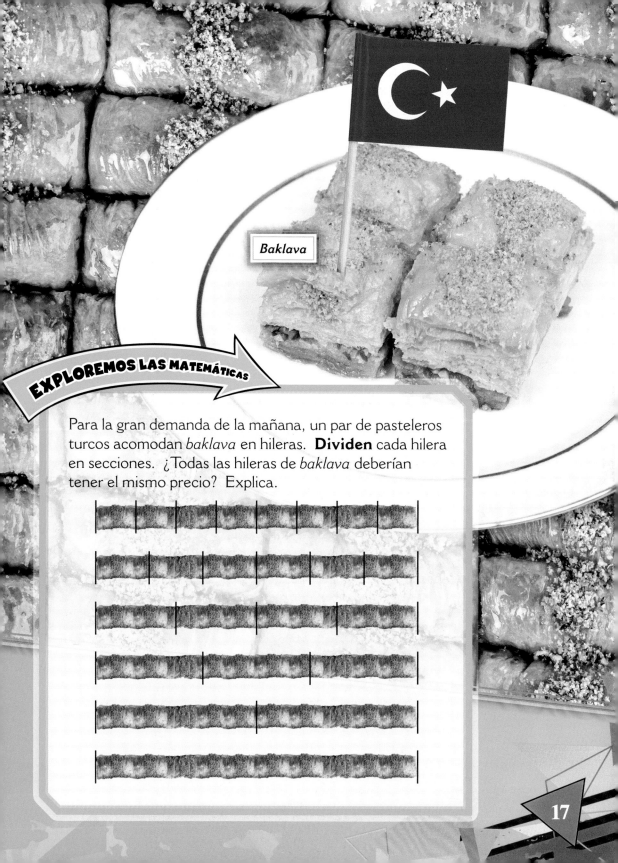

Baklava

Para la gran demanda de la mañana, un par de pasteleros turcos acomodan *baklava* en hileras. **Dividen** cada hilera en secciones. ¿Todas las hileras de *baklava* deberían tener el mismo precio? Explica.

Pandano

Leche de coco y
hojas de pandano

18

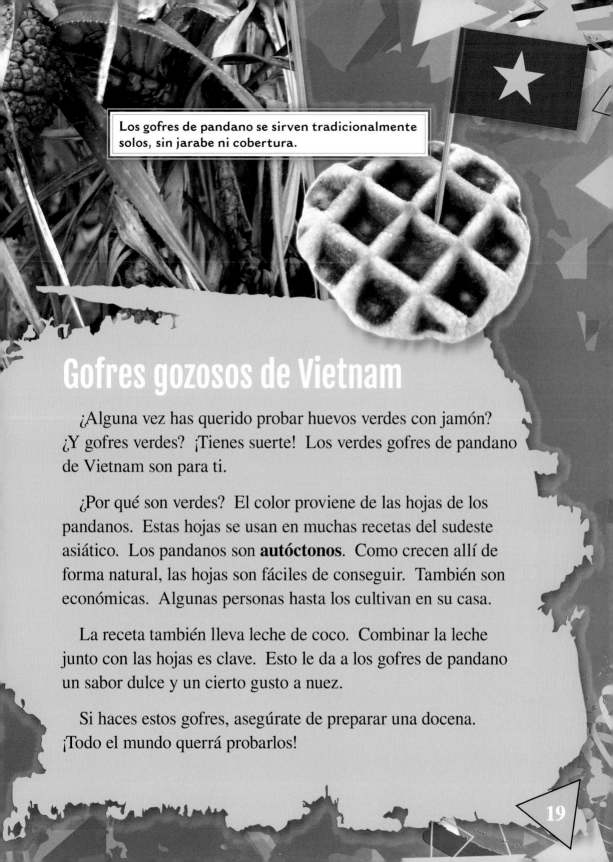

Los gofres de pandano se sirven tradicionalmente solos, sin jarabe ni cobertura.

Gofres gozosos de Vietnam

¿Alguna vez has querido probar huevos verdes con jamón? ¿Y gofres verdes? ¡Tienes suerte! Los verdes gofres de pandano de Vietnam son para ti.

¿Por qué son verdes? El color proviene de las hojas de los pandanos. Estas hojas se usan en muchas recetas del sudeste asiático. Los pandanos son **autóctonos**. Como crecen allí de forma natural, las hojas son fáciles de conseguir. También son económicas. Algunas personas hasta los cultivan en su casa.

La receta también lleva leche de coco. Combinar la leche junto con las hojas es clave. Esto le da a los gofres de pandano un sabor dulce y un cierto gusto a nuez.

Si haces estos gofres, asegúrate de preparar una docena. ¡Todo el mundo querrá probarlos!

Polonia y Sudáfrica

La parte final de nuestro viaje nos lleva a Polonia y Sudáfrica. Dos de sus postres famosos cambiarán tu forma de pensar sobre el pan y los pudines.

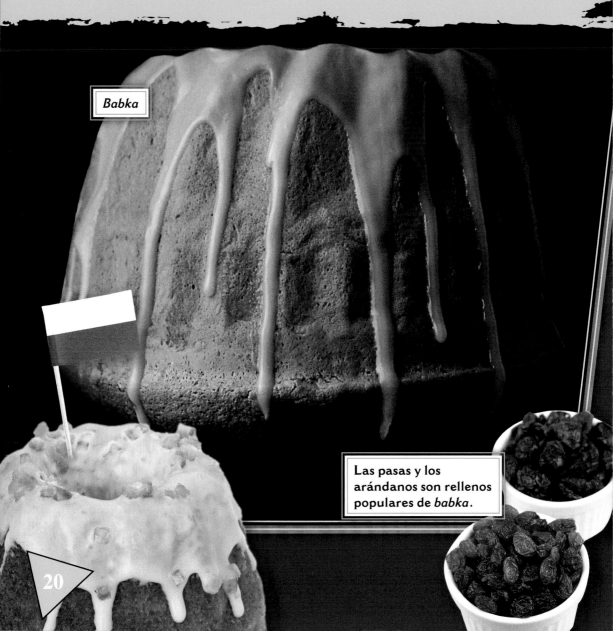

Babka

Las pasas y los arándanos son rellenos populares de *babka*.

20

El preciado *babka* polaco

La palabra *babka* significa "abuela" en polaco. ¿Cómo recibió este nombre? Puede ser porque los lados del molde forman ondas en el pan cuando se hornea. Las ondas se parecen a la falda de una abuela. O, tal vez, recibió ese nombre por todas las abuelas que lo hacen a menudo. ¡En cualquier caso, a mucha gente le parece delicioso!

A los panaderos que hacen *babkas* también les podría parecer complicado. Hacer este pan dulce lleva casi todo un día. Algunas recetas tienen más de 12 pasos. Los pasteleros comienzan por cortar y estirar la masa mantequillosa. Por lo general, lo rellenan con pasas o frutas. Incluso le pueden agregar chocolate o canela. Luego, enrollan la masa en forma de un tubo largo. Finalmente, ponen el *babka* en un molde para hornear. Todo este trabajo hace que sea un postre especial para momentos especiales.

La masa del *babka* se estira.

La masa se enrolla después de agregar el relleno.

El tubo se coloca en un molde para hornear.

Pudín de malva

El pudín popular de Sudáfrica

¿Crees saber cómo luce un pudín? ¡El pudín de malva probablemente te sorprenderá! No es como el pudín estadounidense que se sirve en vasos. ¡Es un pastel! Tiene mermelada de albaricoque en la parte superior. A muchas personas les agrada el toque de caramelo. El pastel también lleva un poco de vinagre y bicarbonato de soda. Los dos ingredientes reaccionan químicamente entre sí y producen pequeñas burbujas. El resultado es un pastel **esponjoso**. El pudín de malva es tan suave que algunos lo llaman pudín de malvavisco.

El pudín de malva se sirve en muchos restaurantes en Sudáfrica. Muchas personas también lo hornean en casa. Algunos pasteleros le agregan chocolate o cerezas. Se puede servir con crema pastelera, helado o crema batida. Pero, de cualquier manera, todos siempre quieren más.

Usa los símbolos > o < para mostrar qué fracción es mayor:

1. Grupo A

$\frac{1}{4}$ _____ $\frac{3}{4}$

$\frac{4}{6}$ _____ $\frac{2}{6}$

$\frac{6}{8}$ _____ $\frac{5}{8}$

2. Grupo B

$\frac{2}{6}$ _____ $\frac{2}{3}$

$\frac{1}{2}$ _____ $\frac{1}{8}$

$\frac{3}{3}$ _____ $\frac{3}{4}$

3. Selecciona una comparación del Grupo A y una comparación del Grupo B. Haz un dibujo para demostrar tu solución a cada una.

El pudín de malva se sirve tradicionalmente caliente con crema pastelera.

23

Las presentaciones perfectas de las pastelerías comienzan con las recetas. ¡Los pasteleros habilidosos también ayudan!

Error simple, postre horrible

Los pasteleros tienen que leer las recetas con atención. Deben medir fracciones de ingredientes. Si no lo hacen, los postres no tendrán buen sabor. O quizás no se cocinarán bien en el horno. ¡Es muy probable que los postres queden horribles!

Recetas diferentes requieren ingredientes diferentes. Algunos postres son dulces. Algunos son agrios. Otros tienen sal. El chocolate puede ser un ingrediente muy importante en algunas recetas. La fruta puede ser más importante en otras. Algunas tienen especias, mermelada o nueces como ingredientes claves. Esa variedad es lo que hace especiales a estos postres.

La mantequilla y el azúcar aparecen en muchas recetas de postres, pero en cantidades diferentes. Usa las recetas parciales para responder las preguntas.

Churros: $\frac{1}{2}$ taza de mantequilla, $\frac{1}{4}$ taza de azúcar

Babka: $\frac{1}{4}$ taza de mantequilla, $\frac{1}{4}$ taza de azúcar

Galletas con chispas de chocolate: 1 taza de mantequilla, $\frac{3}{4}$ taza de azúcar

1. ¿Qué postre lleva más azúcar: los churros o las galletas con chispas de chocolate?

2. ¿Qué postre lleva más mantequilla: los churros o el *babka*?

3. ¿Qué postre tiene un ingrediente que puede ser escrito como $\frac{1}{1}$?

Receta de macarrones

Ingredientes:

* 3 claras de huevo
* $\frac{1}{4}$ de taza de azúcar blanco
* $1\frac{2}{3}$ tazas de azúcar glas
* 1 taza de almendras finamente molidas

Procedimiento:

Forrar una bandeja para hornear con una plancha de silicona. Batir las claras de [huevo] en el bol de una batidora

Un amplio mundo de comidas

Cada país tiene su propia **cultura**. La comida es parte de ella. La gente de todo el mundo disfruta de comidas especiales. Aprender más sobre una cultura puede comenzar con recetas. Prueba alguna comida nueva. ¡Quizás quieras probar un postre de este libro! Es una forma fácil de probar los sabores de otro país. Ni siquiera tienes que salir de casa. Degustar nuevos alimentos puede llevarte a nuevas preferencias y ayudarte a aprender sobre otras culturas, además de la tuya.

Las fracciones pueden hacer que una receta quede bien o muy mal. Los pasteleros de todas partes están de acuerdo en eso. Por lo tanto, abre un libro de cocina y deja que las fracciones sirvan de guía.

Receta de churros

Ingredientes:

* 1 taza de agua
* 2 cucharadas de sal
* 2 cucharadas de aceite vegetal
* 1 taza de harina común
* 2 cuartos de galón de aceite para freír
* 1 taza de azúcar blanco
* 1 cucharadita de canela

Procedimiento:

En una cacerola a fuego medi

⚙️ Resolución de problemas

Alisha y su papá están planeando un día de cocina en familia. El color favorito de Alisha es el amarillo. Por lo tanto, deciden hacer *quindim*.

1. Alisha y su papá solo tienen una taza medidora de $\frac{1}{4}$. ¿Cómo pueden usar esta taza para medir el azúcar y el agua?

2. ¡Uy! El padre de Alisha cometió un error. Midió $\frac{1}{8}$ de cucharadita de vainilla. ¿Es más o menos que $\frac{1}{2}$ cucharadita de vainilla? Muestra tu respuesta usando los símbolos > o <. ¿Cómo puede corregir su error?

3. Para hacer la receta, se debe llenar $\frac{3}{4}$ de cada molde. Alisha llena $\frac{3}{4}$ de un molde. Su padre llena $\frac{3}{8}$ del otro molde. ¿Qué molde tiene más masa? Usa los símbolos > o < para mostrar tu respuesta.

4. ¿Cómo se pueden escribir en fracciones 6 yemas de huevo y 50 gramos de coco rallado?

Receta de *quindim* (para 4)

2 moldes para hornear de 250 mililitros

1 bandeja para tartas

$\frac{1}{2}$ taza de agua

50 gramos de coco rallado

1 taza de azúcar granulada

1 cucharada de mantequilla derretida

$\frac{1}{2}$ cucharadita de vainilla

6 yemas de huevo

1. Precalentar el horno a 350 °F (180 °C).

2. Mezclar todos los ingredientes en un tazón.

3. Untar los moldes con mantequilla. Colocar los moldes en una bandeja para tarta. Llenar la bandeja con agua hasta la mitad.

4. Llenar cada molde hasta las $\frac{3}{4}$ partes. Hornear durante 20 minutos.

5. Dejar que el *quindim* se enfríe antes de comer. ¡A disfrutar!

Glosario

amasan: usan las manos para presionar

autóctonos: que existen naturalmente en cierta región

comparadas: haber considerado las características de dos o más cosas

culinarias: relacionadas o usadas en la cocina

cultura: las creencias y costumbres de un grupo de personas

dividen: separan en secciones

equivalentes: que tienen el mismo número o valor

espeso: muy compacto

esponjoso: blando y húmedo

fracciones: números que muestran cuántas partes iguales hay en un entero y cuántas de esas partes se describen

hojaldrada: que se separa fácilmente en pequeños trozos

novatos: principiantes

Índice

Soluciones

Exploremos las matemáticas

página 7:

A y D

página 11:

1. $\frac{2}{4}, \frac{3}{6}, \frac{4}{8}$
2. $\frac{2}{6}$
3. $\frac{6}{8}$

página 13:

1. $\frac{4}{6}$ o $\frac{2}{3}$
2. $\frac{2}{6}$ o $\frac{1}{3}$

página 15:

1. $\frac{3}{1}$
2. $\frac{8}{1}$
3. $\frac{12}{1}$

página 17:

Todas las hileras de *baklava* costarán lo mismo porque los enteros son iguales.

página 23:

1. Grupo A: <, >, >
2. Grupo B: <, >, >
3. Las respuestas pueden variar. Los dibujos deben mostrar enteros de igual tamaño divididos en porciones de igual tamaño para hacer la comparación.

página 25:

1. galletas con chispas de chocolate
2. churros
3. galletas con chispas de chocolate; la mantequilla se puede escribir como $\frac{1}{1}$

Resolución de problemas

1. Pueden medir el azúcar usando la taza medidora de $\frac{1}{4}$ cuatro veces ($\frac{4}{4}$ = 1 taza). Pueden medir el agua usando la taza medidora $\frac{1}{4}$ dos veces ($\frac{2}{4} = \frac{1}{2}$ taza).

2. $\frac{1}{8} < \frac{1}{2}$. El papá de Alisha puede añadir 3 cucharaditas de $\frac{1}{8}$ para corregir su error. ($\frac{4}{8} = \frac{1}{2}$ cucharadita)

3. $\frac{3}{4} > \frac{3}{8}$

4. $\frac{6}{1}$ y $\frac{50}{1}$